おさるのままごと

せきやゆりえ

東京書籍

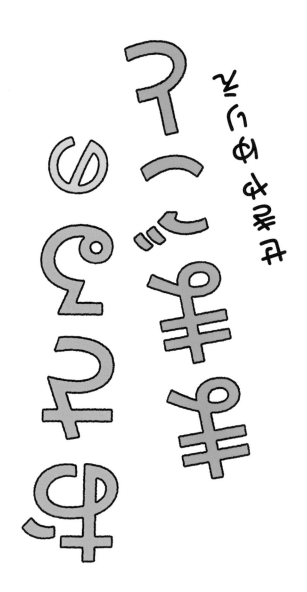

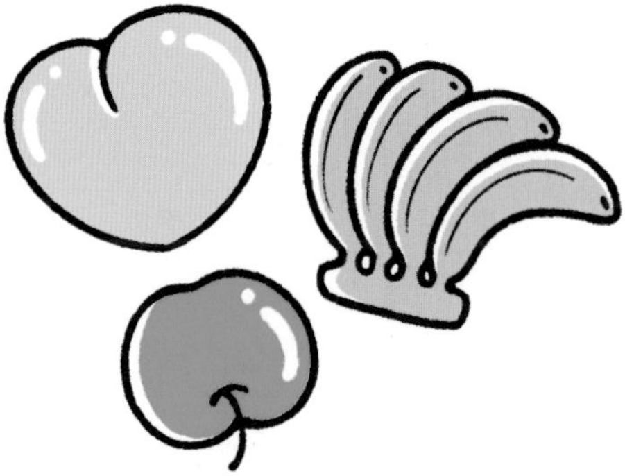

もくじ

おさるのまごと

登場人物紹介

せきやゆりえ
（ゆりり・かーか）

イラストレーター。感情がすぐ爆発する。ダラダラするのが好き。夫に一目惚れして声をかけ、結婚に至る。

しんちゃん
（しんちぇ）

３歳。いつも元気。笑い方と怒り方が母似、眉毛が父似。電車とおままごとが大好き。いつも「かわいいねこちゃん」になりきって親に甘える。

かずやくん
（ぴー・とーと）

カメラマン。とにかくゆったりしていて温厚。銭湯と焼肉が好き。優しいが、言うことはハッキリ言う。語尾に「もね」が付く話し方が特徴。

ミラン＆ヤマト

しんちゃんが産まれる前から一緒に暮らしている。ミランは用がある時だけ近寄ってくる。ヤマトはいつでも撫でてもらいたい。

みなさんこんにちは！
イラストレーターの
せきやゆりえです！
『おさるのままごと』を
手に取ってくれてありがとう!!
おさるのままごと
なんで
「おさる」の
「ままごと」
なのか？
「私」という人間と
イラストレーター
「ぴー」という人間が
カメラマン
たまたま出会い
一緒に過ごす中で
「家族」や「夫婦」に
なってみたくて結婚し、
そしてしんちゃんが
産まれて
「親」にもなった。

子どもの頃は
「お母さん」という生き物がいるんだと思ってた
ぼやぁ〜
ふわ〜
でもそうじゃない。
「私」は「私」のままで
「ぴー」は「ぴー」のままで
「家族」っぽく「親」っぽく
初めてのことで
何もわからないまま
これは…
しかるべきなのか…
働き方のバランスを
どうするのがいいのか…
手探りでどうにか
役割を毎日こなしているだけなのだ。
その様子はまるで
おさるがおままごとを
しているみたいだと思ったから。
そんな私たちのお話。

カシャ

Part 1.

親っぽくなっていく私

産前と産後①

まだ子どもを産む前、友人の子に会うと
みかん おいしー
もう おいしいって 言えるんだねぇ～
好きな友人の子だし
ぱく ぱく
もちろん「かわいいなぁ」と思うのだが
はい。
えっっ
ぎゅ
べちゃ…
ありがと…
どろ…
こういうのは苦手だった。

そっと友人に渡す。

産前と産後②

ひょい
ぱく
子どもの食べ残しを親が食べるのを見て
ぜったいできる気がしねぇ…
とずっと思ってたが
今はわかる。
ぼろ… ぼろ…
あーっっしんちゃん!!!
片付けるより食べた方が早い!!
サッサッ

いちいち掃除する暇などない。

夢と現実①

出産前ーー
木のおもちゃかわいい〜〜っ
子どものおもちゃは絶対オシャレにこだわってみせるぞ!!
ほんわ〜か
そして現在ー
ちんじゅくーちんじゅくーー
きろちゃきろちゃー(?)
ばーむっ
本人が楽しけりゃいーや♫と思うようになった。
ガンカンカンカン♫
ごちゃ…
ガタンゴトン
うるせ…
ガガガガ

一つそうなると、もうどうでもいい。

産前と産後③

妊娠前ー
子どもいる人ってなんでみんな
SNSが子どもだらけになっちゃうんだろ
すべて同じに見える…
私は子どもが産まれても
ドライな親になるんだろうなぁ…
が、産まれてみると
カワイイ!!
すぐ成長してしまう!!
ズッズッ
パシャー
一秒たりとも見逃せない
今だけのこのひとときをめいっぱい楽しも――!!!

毎日が記念日。

夢と現実②

子育てのイメージ。
平日働いてから保育園へお迎え。
毎日てんやわんやで過ぎていく。
もう17時!?
お迎えは行ける方が行く
これは合ってる。
そして週末は家族でおでかけして気分をリフレッシュ!!!
ここが間違い。
とにかく週末が一番体力を使う。
なので月曜は使い物にならない。
……
……

もはや休日は修行。

夢と現実③

離乳食……
できるだけ「手作り」でと思っていた。
でも
ギャ〜〜〜
頑張って作ったからといって食べるとは限らない…
……。
市販のベビーフードの食いつき、良すぎ!!!?
ベビーフード
私はお互いストレスなく過ごすために、ソッコーで手作りをあきらめた!!!
ザッザッ

お互い無理せず、やってこ〜!

なってみてわかる

ドタドタ
わー
や〜
と、子を産むまではイライラしてたけど
うるさいなあ 親は注意しないの？
今は
そこに至るまでの経緯や
ギャ〜
子どもの行動の読めなさや
わ〜っそっちは車道!!!
しつけは数ヶ月言い続けてやっと伝わるものだってこと
外で寝そべるのやめて〜!! 何回も言ってるのに〜
ニャニャ
日々の疲れの蓄積で怒る気力すら沸かない日があるということ
……
……
も〜…たすけて
ギャ〜
ドタドタ
コラ〜〜!!
背景を想像できるようになった今は全然イライラしなくなったなあ
視野が広がるってことが「大人になる」ってことだと思わない？
そうかもねぇ

そして、想像力は優しさかも。

むしろカワイイ

心からそう思っています。

カワイイ理由

そして、私は親っぽくなっていく。

悪夢

ゆりえさん
バッ
あなたの育児の良くないところ、書き出してみました!
ヹっ
ヒィ〜〜〜〜
ゆりえさんの育児の良くない
ご飯がテキトー
(もっと栄養を考えた方がいい)
そうじもマメではない
テレビを見せすぎ
(もっとたくさんコミュニケーションを)
トイトレしない
お風呂に入れず寝るときがあ
はっ…
夢か…
自分なりのやり方でいいんだって思っててても
悪夢のあとは泣く
心のどこかでは常に不安なんだな〜
ポロリ…

なんだかんだ気にしています。

ベビー服の色

ベビー服を見てると大体こんなかんじ
男の子
女の子
男の子が産まれる予定だけどなんで恐竜と車の柄しかないの!?
←キレやすい妊婦
だからってフリルをこっちから与えるのもなんか違う…
こちらが「あなたはこの色ね」と決めて与えるんじゃなくて
いろんな色や柄をたくさん見せて、好きな色を自分で選べる子になってほしい
……
レインボー柄ばかりになってしまった…

何色が好きでもいいんだよ。

まあないとは思うけど一応ね……
旅行前に一応
妊娠検査薬しとくか〜

「親っぽい」感覚

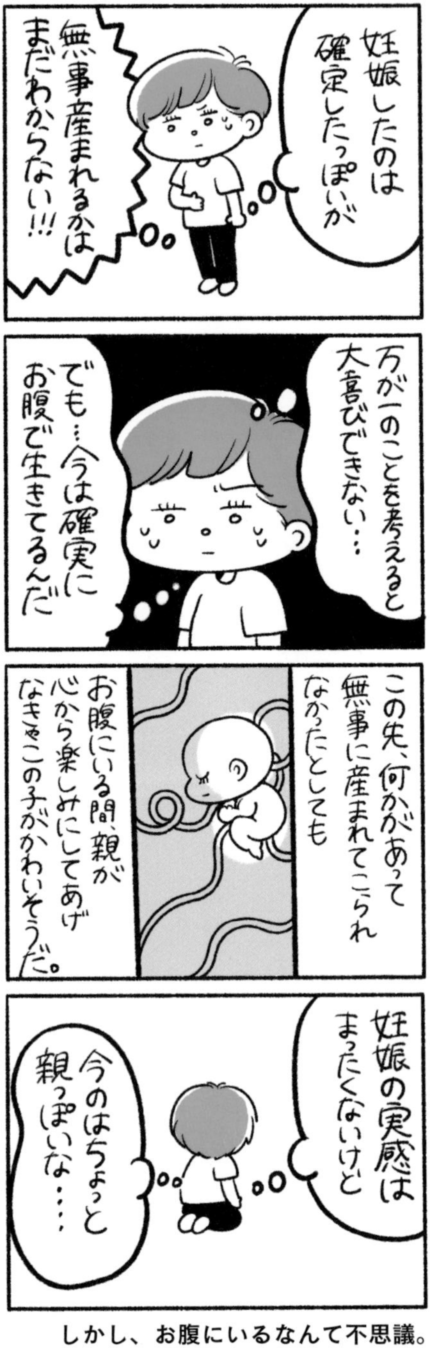

妊娠したのは確定したっぽいが
無事産まれるかはまだわからない!!
万が一のことを考えると大喜びできない…
でも…今は確実にお腹で生きてるんだ
この先、何かがあって無事に産まれてこられなかったとしても
お腹にいる間、親が心から楽しみにしてあげなきゃこの子がかわいそうだ。
妊娠の実感はまったくないけど
今のはちょっと親っぽいな…。

しかし、お腹にいるなんて不思議。

簡単に絶縁モード

妊娠中は感情の波が激しくなるというが
またトイレ流れてないよ
私は元から怒りっぽい。
妊娠して、兄にその報告をした時
ヘンな名前付けるのだけはやめてね(笑)
ボロボロ…
もう兄とは縁を切る。
え!?
ムリ。一生会わん
大っっキライ
きっと悪気があったわけじゃ…
確かにデリカシーのない発言だったとは思うが今思えばそんなに怒る?と思う

特に身内にカリカリしてたなぁ。

妊娠期間は、色んな不安がつきまとうもの。一日一日がすごく長い。
そんな人に対してわざわざ「産まれてからのほうが大変だよ」とか「やっと安定期？　まだまだこれからだね」とか言う人、悪気ないのはわかるが、やめてくれ〜〜〜

「抱っこ」よりも近く

毎日胎動も感じるようになったし、お腹に「いる」のはわかるけど…
好きな曲聴くと元気に動く
ドコ
ドコ
まだこの子と会ったこともないし声も知らないから
近いのに遠いようなヘンな感じだな。
早く君に会って抱っこしてみたいけど
今って「抱っこ」よりも近いとこにいるんだ…
人間スゲ〜…

人間の中に人間がいるんだもんな……。

産前センチメンタル

ゆりえ
産まれる前に会えてよかった〜
たのしかったネ〜
みんな来てくれてありがと〜〜駅まで送るよ〜
元気なあかちゃん産んでね〜
あとから友だちに笑われたけど、皆と別れる時
もう皆と一緒に遊べなくなっちゃうんじゃないか、とさびしくなった。

きっとすぐ会えるのに、勝手に疎外感。

出産からの母性っぽさ

朝5時――
ズキ
いたッ…
陣痛の間隔を測るアプリやろう…
00:00
スタート
時刻 間隔 持続
05:04 10:45 3:0
20:30 2:
…まだまだバラバラだな…
10分間隔になったら病院に行くぞ!!!
本番に向けて体力つけなきゃ〜
10分になった!! 入院セット持っていざ病院へ!!
子宮口が3cm開いてるけどここからまだ時間かかりそうだね…
一回帰って、お風呂入ってご飯食べてからまた来て!!
えーーっ
サァーー…
ううう… あ、陣痛来たッ
いたい… いた〜〜〜〜い
帰宅…
え〜ん 早く産みたい
進んでんのかわかんないのがイヤだ!!!
メロンパン
夫の作ったポトフ
アップルパイ
おにぎり
そしてー
ついに出産へ!!

冬&雨がつらかった!

出産と肛門

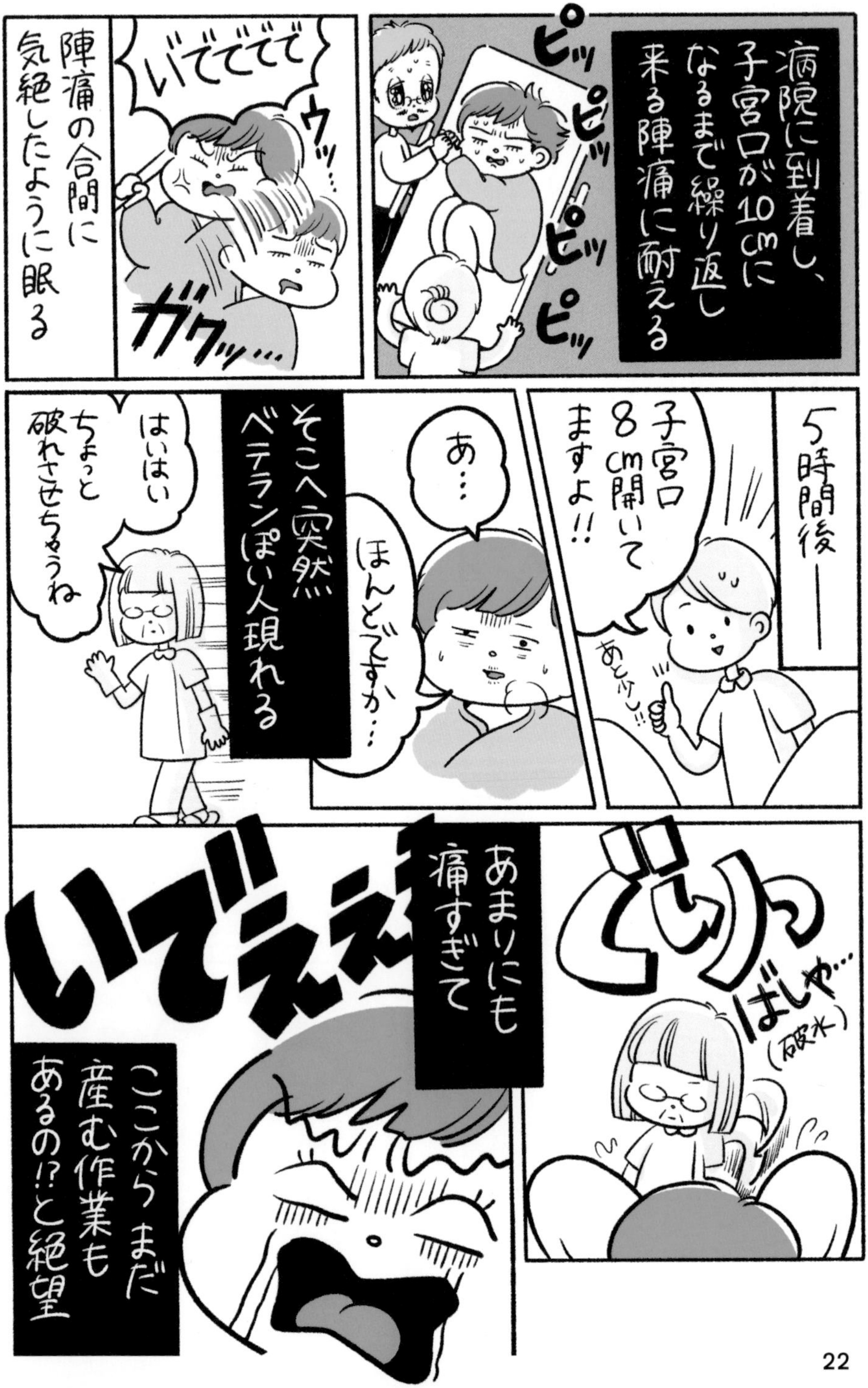

病院に到着し、子宮口が10cmになるまで繰り返し来る陣痛に耐える
ピッ
ピッ
ピッ
ピッ
いでででで
ウッ…
ガクッ…
陣痛の合間に気絶したように眠る
5時間後――
子宮口8cm開いてますよ!!
あと少し!!
あ…
ほんとですか…
そこへ突然ベテランぽい人現れる
はいはいちょっと破れさせちゃうね
ぐりっ
ばしゃ…
(破水)
いでえええ
あまりにも痛すぎて
ここからまだ産む作業もあるの!?と絶望

次の陣痛の波でいきんでいいですよ!!
目は開いて!!
ぐぐうう…
出産中とにかく思った事は――
はいっいきんで!!
いいですよ
さっさと終わらせんぞぉぉ!!
てか今どのへん!!?
いきんで
もっかい!!
GOAL
START
こういう目に見えるやつが欲しい!!
てか肛門が…ッ
肛門が裏返る――!!!
せきやさん
産まれましたよ!!!

産後の一言

産まれましたよ
ゆりえ!! 産まれたよ
産まれた…？
産まれたよ
ありがとうね すごいよ…
おつかれさま!!
…あ〜
お腹スッキリした
よっしゃー!!!
産後の第一声

まず爽快感。

どんな顔？

ヘァ〜〜〜
おお〜…すご〜い
ほんとに人間が入ってたんだ…
どんな顔の子が出てくるのかな〜と思ってたけど
ヘアッヘアッヘアッ
どんな顔だろうがもうなんでもいいや
は〜い胎盤出しますよ〜

そう、なんでもいい！

聞いてないよ

出産するまで知らなかったこと
も〜み
も〜み
胎盤を出すのにお腹を押すのが
もみ
すっごい不快
も〜み
胎盤を見せてもらった。めちゃデカイ肉みたい!!
お〜
出産の痛みに比べれば大したことないと聞いていた「裂けた股を縫うやつ」は
いって〜
ふつうにめっちゃ痛かった!!!

麻酔してよ〜！

ふと冷静に

産後翌日から母子同室だった。
ドキドキ…
し〜〜〜ん
ふぇ〜……
はいはい〜〜 どうしたの!!?
出産から一日経って落ちついてみると……
…こうだっけ？
よしよし……
なんか……うちの子めちゃくちゃ
すや…
かわいいのでは……

親バカ、スタート！

産まれてすぐおっぱいを飲む。
私を信用しきっている…
もし私が悪者だったらどうするんだ…

子育て体験版

病院では毎食
おいしいご飯が出て
わからないことは
聞けば教えてもらえて
夜中、不安になったら
授乳室に行けば
ガラガラ…
ふぇ〜
会話するわけじゃないけど
心強い…。
そして退院して
ぽつん……
……
ドキドキ
この数日は子育ての
「体験版」だったんだ
……!!!
これから始まる
「子育ての本番」を
この人とやっていくんだ
と改めて思った。

一緒に親っぽくなっていくんだな。

ドキドキ新生児

産まれたては
めっちゃ細い。
カリ…
オムツぶかぶか
あれ…!?
ぽけ〜
腕ってどこまで曲げていいの!?
はいオムツ替えるよ〜〜
ぐい
あッ
折れたか!?!
折れてなかった…
つかれた……

全部初めてだからわかんない。

抱っこの不思議

10kg以上の子を片手で抱っこする人を見て「重くないの!?」と不思議だったけど
12kg
毎日ちょっとずつ重くなる子を抱いていれば自然と腕の力はついてくるんだとわかった
産まれたての3kgは
カチン
軽すぎてこわしちゃいそう!!!
コチ
落としたら死んでしまう……
ガチ
ガチ
緊張しすぎて腕や肩がバッキバキになる。

米3キロは重く感じるのに。

親目線でアニメ

ピッ
しんちゃん寝たし…
『クレヨン〇んちゃん』の映画でも観よう
えーーっ!! ここはどこ!?
もしかして異世界に来ちゃったの〜〜!?
え…手ブラで!?
オムツもないよ!?
前は気にならなかった点が気になる

いちいち突っこんじゃう。

心の中は

友人がしんちゃんに会いに来てくれた
ちょっと外でお茶してくるね
ごゆっくり〜
ねー!
あ〜…サイコ〜 外でゆっくりお茶なんて久しぶり!
それでさ
あ〜わかる
あははは…
Love

元気かなぁ。もう会いたい。

ぎゅートーク①

世界が滅亡するなら今。

ぎゅートーク②

そこに自信があるとうれしい。

ぎゅートーク③

寝かしつけ
コロン
ぎゅ…
うと うと…
液体になった
スヤ…

しんちゃん今日も大好きだよ ありがとね～
かーかもとーともしんちゃんが産まれてくれて毎日幸せだよ
怒ってても泣いててもどんなしんちゃんも大好きだよ。また明日ね～

昨日の深夜、しんちゃんの
夜泣きにたえられず、わたしも
一緒に泣いてみた

階段と想像力

あっ
この駅エレベーターない!!
しんちゃんと手をつないで、ベビーカー持っていけば…
いける!!
しんちゃん、おてて…
だっこォ〜〜
重い!!!
無理!!!
それ
上まで運べばいいですか?
ありがとうございます!!
ひょい…
いいんですよ〜〜
自分も
子どもが小さい時があったからねぇ
わたしも…あなたのように誰かを助けます!!!

優しさへの感謝が連鎖していく瞬間。

ピンチと機転

新宿で友人と会う
うっ…
この匂い
ぷ〜ん
ウンチしてる!! しかも今オムツない!
ここの薬局もオムツ置いてない…
ど〜しよ〜…
待って調べる
スチャ
もしもし。そちらにオムツは置いてますか?
テキパキ
あるって!
行こう!!
私、子どもいない時そんな風に立ち回れなかったよ…
ありがとう!
あはは
子連れに優しくすんのは人として当たり前じゃん〜

ほんとに感謝してます。

無言の救い

最近は めっきり電車に夢中な息子
かならず真横から
息子の「ガタンゴトン」の表現
あはっあはぁー
あはっあはー!
先日、炎天下の中、1時間以上電車のおもちゃで遊んでいた。
絶望
道ゆく人との無言のコミュニケーションに助けられた…
すべてお察しします、の顔

あんなに真剣だと、どうしようもないよ。

親の自覚

しんちゃ〜ん ママお迎え来たよ〜
かっか〜
ママって私のことか……。
しんちゃん!!! 座ってご飯食べなさい!!!
今のめちゃ親っぽ〜
かっか〜♡
この子にとって私は「おかあさん」なんだなぁ〜
ウケるな〜
ブッブ〜

こんなもんだよな。

何でもいい♡

子どもになんて呼んでもらうか?
うちは
おとうさん
おかあさん
の予定
ママよりもおかあさんがいいな〜〜
おかーたん!
んまー!!
ま〜。
え!!?
ママ!!マーマ!!
マーマ!!マーマ!!
でも呼んでくれるならなんでもいい♡

サクッと方針変更。

子連れ集合

子連れで集まれるの最高〜〜〜〜!!
ね〜!! やっと集まれたね〜
前にも話したあったじ あれのさぁ〜
あははめっちゃなつかし〜〜
ゲラゲラ
かーか!!
かーか!!
ギャ〜〜て
はいはい なーに?
あ、起きたね〜
ガタン
ゴトン
友人と全く話せず帰宅

同じ気持ちは共有できたはず。

興奮スイッチ

遊んでるうちに興奮したしんちゃん
ばしっ
いて―!!
しんちゃん!!! たたくのやめて〜
ばん!!
コラ!!
しんちゃん。
ゲラゲラ
←スイッチ入ってる
ガッ
大事なこと言うよ
人をたたいちゃダメ。人にはやさしくし
ゴッ…

どーにもならん。

髪色トーク①

髪をピンクにしてお迎えに。
かえろ〜
ちょっとケーカイ↓
……
帰宅し、積み木であそんでいたら…
あ!
あ!
なあに〜?
あ!!
※この積み木の色と
あっ!!
※同じですね

もうわかってるんだね〜（涙）

髪色トーク②

公園
上のクラスの子
あのさ〜
しんちゃんのママってさァ〜
なんでかみがみどりなの!?
みどりにしたい気分だからだよ
むかしは黒だったの!?
そう!美容院でやってもらうの!!
じゃあわたしも
ピンクにできるってことかァ〜
かーか
みど

何色にだってできるよ。

やっぱり健康が一番！

全員で体調を崩した。
ハァ…
ハァ…
かーか!! おきて!!
おーきーて かーか!!
子どもは
熱があっても元気……
どいどい
←38度ある
しんちゃん…かーか、しんどい…
休ませて〜……
ポロ…
元気な時は気付かなかった。
今回、思い知らされた。
私の順調な日々は健康の上で成り立っていたんだと。
ぼ〜
もし毎日これくらい体調悪かったら…
きっと子育てが楽しいなんて思えない……
健康があってはじめて、気持ちの余裕が生まれるんだ…

ぜんぶ、健康だから成り立つ。

代わってあげたい

しんちゃんもついに熱でぐったりし始めた。
ぐて…
←少し回復した
いつもあんなに元気なのに…
代わってあげたい
今後のしんちゃんの体調不良を
全て私が引き受けてもかまわない!!!

こんなことを思うとは。

後ろ髪ひかれながら

ゆりり……
休ませてくれてありがとう。うち、少し楽になったから交代しよう
ありがとう!
じゃあ2時間くらい外行ってくる!
ばっ
かーか!!!
か〜か〜!!
しんちゃん大丈夫よ〜!
くっ……
許せ……!!
私も休みたいんだ〜〜!!

心の余裕をチャージ。

家族全員病気になった。
熱はあるけど元気な
しんちゃん。
私と夫は
ぐったりヘトヘト。
やっとしんちゃんが昼寝して
夫と2人で寝そべりながら
「はぁ…でも子どもをつくってよかったよね」と話した。

〜出会い編①〜
とあるイベントのスタッフ
出演者
ゲラゲラ
ゲラ…
めっちゃタイプー

〜出会い編②〜
とりますよ〜
じ…
あの〜、記録係です。お写真一枚いいですか？
カシャ
はい!!!
ありがとうございます
今はいません。
あの〜〜めちゃ魅力的ですね
彼女いますか？
ぱあああ。。

〜出会い編③〜

イベント終了後
あっいた!!
オーイ
LINE交換しましょう
うち、ナンパされるの初めてです…
いつでもご飯とか誘ってください
今スタンプ送りました〜
あ、来ました
すぐ誘います
次の日デートした

〜初デート編①〜
おまたせしました〜〜
いえいえ〜
タタタ…
どこ行きますか??
あ、じゃあうちの好きな飲み屋に行きましょうか
わーい
うちビールにします
ガヤガヤ
あっじゃあわたしも〜〜
カンパーイ
うちって言うのか…

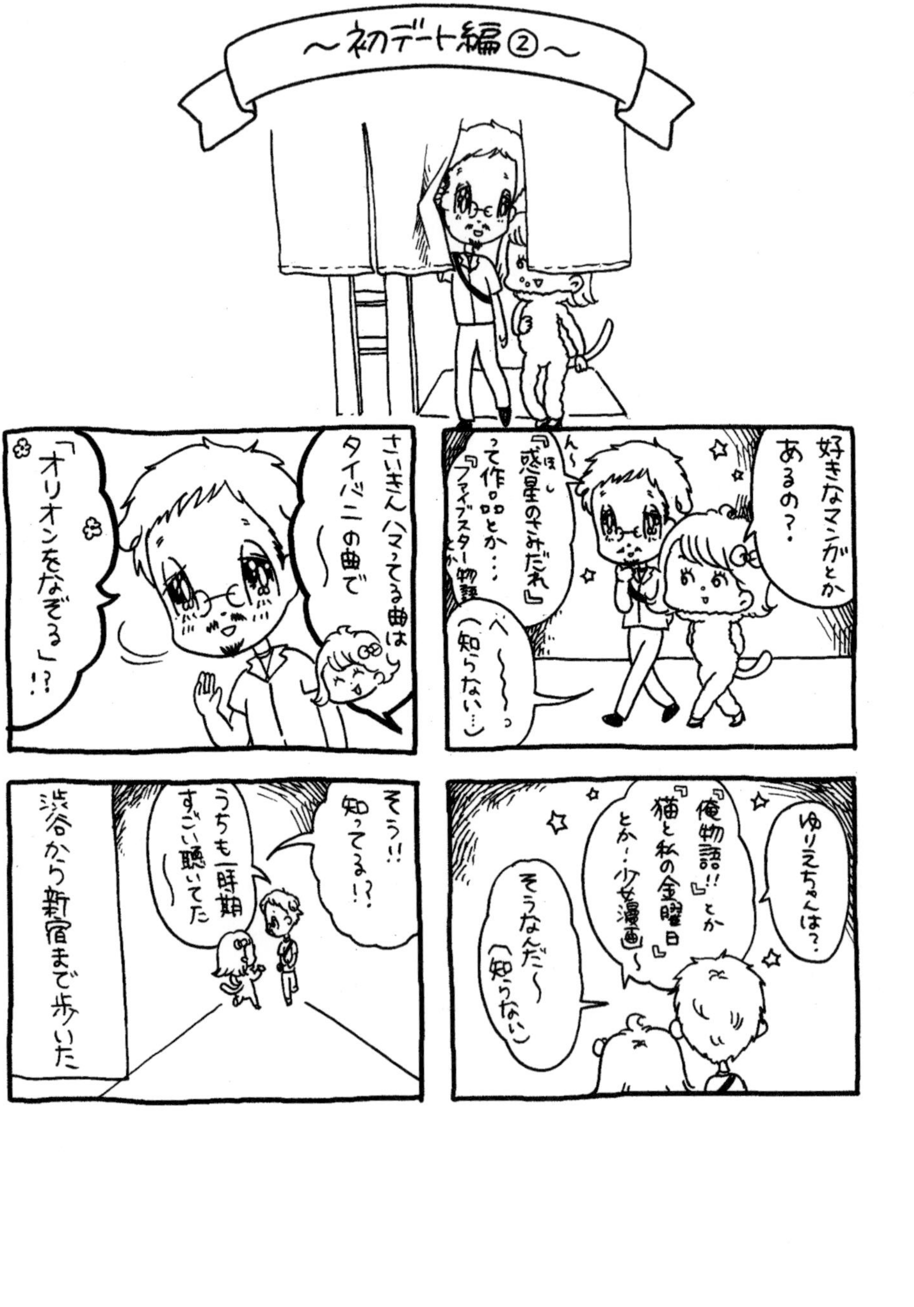
〜初デート編②〜
好きなマンガとかあるの？・
ん〜
『惑星《ほし》のさみだれ』って作品とか・・・
『ファイブスター物語』とか
へ〜〜〜っ
（知らない・・・）
さいきんハマってる曲はタイバニの曲で〜
「オリオンをなぞる」！？
ゆりえちゃんは？・
『俺物語！！』とか
『猫と私の金曜日』とか・・少女漫画〜
そうなんだ〜
（知らない）
そう！！知ってる！？
うちも一時期すごい聴いてた〜
渋谷から新宿まで歩いた

～初デート編③～
Uchi
Yurie
えっもう新宿!?
そんな歩いたの!?
たのしすぎて…
あの……
どうしてうちに声をかけてくれたんですか?
……
…直感です!!!
あと…
顔がめっちゃタイプだからです!!!

〜付き合う編①〜
おーい
ゆりえ〜
個展おめでと〜
すご〜〜い
リナ!!来てくれてありがと〜〜〜!!
リナ!!
こちらぴーさんという方!!
どうも〜
ゆりえの親友です〜
あっ
どーも…
おそらくもうすぐ付き合うであろう人!!!

〜付き合う編②〜
個展初日おつかれ ゆりえちゃん〜
カンパイ！
ありがとう〜 来てくれてうれしい!!!
でもふざけて言ってるわけじゃなくて…
……
さっきはなんかごめんね〜
調子乗って変な紹介しちゃって(笑)
うちはもう付き合っていいと思ってる…
ス…
え!? まじ？ やった――!!!

《プロポーズ》

《結婚式》

Part 2.
彼とだから
家族になれた

前のめりな花嫁

結婚式ーー
では入場のリハーサルをします
プランナーさん
あっ新婦は新郎の半歩うしろを歩いてください!!
スミマセン…
またです 半歩うしろです!!
あはは
結局本番でも直せなかった……

一目でわかる２人の関係性。

何かちがう

ねえねえ!結婚式の写真データ来た!!
いっしょみよ!!
カチ…
カチ…
…わたし、こんなオバチャンぽい髪型だったっけ!?
かわいいよ〜
もっとかわいいつもりだったのにショック!!
かわいいもん
そして私たちは夫婦になった。

それぞれの「かわいい」も違う。

夫のあだ名

夫は友人たちから「のろ」と呼ばれている程超のんびりとしている。
あだ名の由来はのろすぎて電車のドアにはさまれたこと・・・
バン
ッ
いつも大荷物
ただいま〜
おかえり
ぴーちゃん
今日なんか楽しい事あった？
・・・・
えっとねえ・・・・
もぐ・・・・
・・・・・・・・
今日は、撮影の仕事でね・・・・
うんうん
しゃべんのおっせー

ていねいなところが好きだけど。

夫とドリンクバー

ハンバーグと…
ドリンクバーも2つください。
はい
ピッ
うちドリンクバー持ってくるね～
コーラ!
コーラね
はい!
コト…
すくねぇ～～

声は小さく量は少ない。

夫の声

夫の声は小さい。
でかい
ちいさい
ファミレスにて―
うちはこのランチセットにするもね
いいね～
あ
すみません、このセットドリンクってあとから決めても大丈夫ですか？
はい!
本当にあった話
オレンジジュースですね
ピッ

おもろ～。

夫の世界観

うちの夫はとにかく優しく温厚ですが
ゆりり
けっこ〜独特です
私が顔の目の前で煽った態度を取っても…
……
……。
楽しい…
と言う。

私なら怒る。

敵か味方か

ねえぴーちゃん
なーに？
もし世界中が敵になっても味方でいてくれる？
それは…
理由によるかな。

マジレスかい。

ハートキャッチ

ぴ〜いちゃん♥
んちゅちゅちゅ
ちゅ〜
ぱし
ぱし
ぱし!!
もぐ
もぐ

よくやってたやつ。

ほめ上手

深夜——
ゆりり、朝のゴミ出し、頼んでもいいかなあ?
もちろん
朝——
ガシャ
ガシャ
寝すぎた!!!
ご、ごめん…収集車もう行っちゃってた…
ゆりり〜
ゴミまとめてくれたの? えらいよ〜〜

出せてないけど、それだけで。

下品の定義

おっはよ〜〜ちー○ちん!!
寝起き
タッチ!
…私って、下ネタすごいけどさ
下品な女って思わないの?
今さらだが…
なんで?下品っていうのは人をおとしめたりする人のことでしょ
楽しく下ネタを話すのは品がないとは思わないよ
……。
大ッッッ好き…

みんな、メモ〜!!

怒るポイント

いつも優しいけど怒る時あるの?
う〜〜ん……
家族とかうちの大事な人たちを
悪く言われたら怒るかも……
ガッ
いててて…
怒らないの?
なんで怒るの?
?

私なら怒る②。

こだわりポイント

大丈夫？
み…水が飲みたい…
ぴゅー
水ね!!
買ってきたよ〜！
ありがと〜のどカラカラ…
何？
くれないの？
ぎゅ…
常温にしてるの
待っててね!!

早く、くれ〜！

特効薬

ゆりり頭痛いの!?
大変だ…
サッ
ニャー
ゆりり…
頭痛はヤマトを触ると治ります
そのあとに
バファリンを飲むと更にバッチリだよ!!

かわいすぎる薬たち。

朝の反省

朝、夫が出かける時は
お互い良い気持ちに
なるように明るく送り出す。
いってら〜
しかし今朝は
しょうもない事で
フキゲンな私……
……。
ゆりり…行ってくるね？
……
ゆりり……
ばしっ
いってら!!!
パタン…
ツー……
これが一生の別れになったら
すっげー後悔すんのわかってん
のに、たま〜に忘れてやっちゃ
うな〜って自戒！

毎日は当たり前じゃない。

ごめんね

ジャ〜〜〜
夫にイヤな態度を取ってしまった
洗い物
ジャ〜
洗い物持ってきてくれてありがとねぇ
ジャ〜
ごめんね!!!
いいんだよ〜(笑)

気持ちの整理がついてなくても。

仲直り①

朝
ぴ〜ちゃん
夜ケンカしたまま寝た
ゆ〜ら ゆ〜ら
愛してたら抱っこしてもいい人形〜〜
ス……
うちも愛してたら抱っこしていいよ〜

できるだけ早めに仲直り。

私の好きなところ①

ここを通るには
ゆりえの好きなところを3つ言わないと通れません!!!
シンキングタ～イム!!
ズンチャッ ズンチャッ
そういう動きをするところ
猫や友達を大切にするところ
元気でおもしろいところ
CLEAR!!
ウィ～ン
どうぞ～

そう言ってくれるところが好き。

話す気分になるまで

しくしく
ゆりり…
どうしたの?
仕事でヘコんでる
そっとしといてほしい?
聞いてほしい?
コクン
わかった!
サッ
ガガガ
何してるの?
ゆりりが話す気分になるまで自分のことやってるもねぇ

察さず聞く優しさと、待つ優しさ。

夫のアラーム音

タンタンタン♫
タッタッタタン♫
…ん？
タッタッタタン
アラームの音までちっっっせぇー!!!
すや…

声だけでなく、アラームも。

私の好きなところ②

私のこと、どんな風に好きなのか教えて♥
何千回とやってきたやりとりなのに毎回ちゃんと考えてくれる
ゆりりは、うちにとって太陽。
ぽかぽかしてていつもあったかい…
でもたまに熱すぎる。

あったかくて暑苦しい。

熱唱

散歩中ーー
あ〜〜〜いい天気!!!
きもち〜〜
♫はじめて〜出会った〜日のこと〜おぼえて〜ま〜すかァ〜〜〜〜〜♪
い〜ま〜逢い〜たい〜♬あなァ〜〜たに〜〜♫伝えた〜いこ〜と〜が〜〜♫♪
そういうの全く気にしない

『逢いたくていま』です。

夫の好きなところ

ぴー♡
好きだよ
ありがとねぇ
どこが好きなんだと思う？
ん〜〜〜
顔と、
性格かなぁ。
そーゆーとこが好き♡

そこに自信があるところが良い。

なーなの心配

夫の祖母
なーな
ゆりえさん
あの子とずっと一緒にいると……
の〜んびりしてるからイライラするでしょう
…する時もあります!!
でも大丈夫です!
そ〜お?

おばあちゃんも、わかっている。

雨の日と夫

えーっっ雨じゃん最悪!!
も〜〜!!雨ってほんと何なの!?
……。
ペラ
ペラ
…蒸発した水分が上へ向かい、
上空の冷たい空気に冷やされて雲ができるもね。
その雲の中の水の粒が集まって大きくなると
そ〜ゆ〜ことじゃないよ

マジレスかい!

たられば

なんかさ〜……
ぴーちゃんと出会えて良かったなって思う
もし出会えない人生だったら…
って考えると正直ゾッとする!
ぴーちゃんもそう思う?
うちは…
「たられば」は考えないかな…

意外とドライ。

みんな死ぬなら

ドアの前に封筒置いてあったよ
え?私のじゃないよ〜
パック中
中身何だろう
ピリ
開けるの!!?
爆弾かもしんないじゃん!!!!
え…
みんな同時に死ぬなら別にいいかなぁ〜

やだよ!!!!!!

アレクサ、命って何？
わかりません

寝起き

むくり
ちら…
ビクッ
かわい～～!!!

かわいすぎて毎朝、びっくりする。

回転寿司

回転寿司食べよ！
いいもねぇ～酢飯
はぁ～お腹いっぱい！
お会計しよっかぁ
カチャカチャ
おおっありがと～!!!!

お店の人への気配りも好き。

仲直り②

夫が久々の休みで
2人でゆっくりできる
貴重な日なのに
くだらない事で
スネて後に引けない
ゆりり…
仲直りしよう
……
ゆりえ。
もったいないよ
今からすぐ仲良くすればいいのに
時間だけが経つよ！

ほんとそう思う。

仲直り③

またある日のケンカ
亀裂？
破局？
ちがうよ、ゆりり
「お尻」だよ
？割れてるってこと!?
割れてるように見えて
つながってる。

な、なるほど…？

ほらっ…線がうっすら……
おお……

妊娠発覚！

新婚旅行と私の個展でアメリカに1ヶ月間旅行に行く予定の私たち!!
スターウローズのエリアがオープンするから絶対に行きたい
ロサンゼルスでオシャレなフリマに行きたーい!!
キャッキャ
アメリカのガイドBOOK
しかし旅行の3日前
妊娠が発覚!!
ドキ
えっ!!?
えっ!?
今…!? ってか旅行は!? 個展は!?
飛行機って乗ってもいいのか!!?
ドキ
ドキ
ドキ
ドキ
…でも
うれしい!!!!
ガチャ…
ただいまー

妊娠したっぽいんだけど…！
…うそー
次の日すぐに婦人科へ
んーと…
妊娠してるでしょうね
もうすぐ海外旅行？
飛行機は特に問題ないですよ。
でもエコノミー症候群には
気を付けて過ごしてください。
あとは一応アメリカでも受診してください。
念のため「妊婦保険」に入るのが安心ですよ～
おぉ…
…

不安を抱えつつアメリカへ出発!!
エコノミー症候群にならないように、足のマッサージするもね
もみもみ
ありがと〜〜〜
1ケ月の旅行中、夫は毎日毎日マッサージをしてくれた
もみもみ
もみもみ
数日間は、つわりもなく楽しく過ごしていたのだが……
ブルックリンブリッジ
ある日…
んっ…!?
なんか……っ
クサい!!!

つわりにも色々あるが、私は特に「匂いづわり」がひどかった。
街全体がクサい気がする〜〜
なんか
ぴーもクサい…
ハンバーガーは食べられそう？
いらない
ピザもむりそう？
むり…
これはどう？作ってみたよ
コト…
野菜たっぷりラーメン
…おいしい……
異国の地で一番おいしかったのは
夫が作ってくれた素朴なラーメンだった…

クールワード

夏の暑さ大〜好き!!だったのに
じめ…
ちょうどつわりと重なって、夏の暑さがしんどい!!
ハァ…
パタパタ
あつ〜〜〜い
もっと涼しくして〜〜
ゔ〜〜〜
クーラーもこれ以上下げられないし…
さすさす
ゆりえ〜〜
涼しさを感じるワードを言うね
シャリッシャリのかき氷!!!

あまり変わらん。

不安なときは

夫婦2人ともフリーランスで子育てしていけるのかな
私は産後仕事を続けられるのだろうか…
相性が悪かったら…
産まれたら私の人生は私のものじゃなくなるのでは
ぐる
ぐる
夜中
うっ…
うっうっ…
どしたの?
ホルモンバランスのせいなのかな…何もかもが不安で
イライラする…
よーしよし…
新しい事が起こるんだから不安なのはあたりまえも…
でも、太陽が出てない時間は
悩まない方がいいもね…
オヤスミ…
トン… トン…

すごくラクになりました。

胎動がわからない
時期は毎日不安で
毎日夫に
「生きてるかなぁ」
と聞くと
夫が胎児の
マネをして
はげまして
くれた
ねえ赤ちゃん今日も生きてるかなあ?
「元気です。」って言ってる

テロテロの下着

夫は物を全くと言って良いほど買わない上に
くたぁ…
下着はテロッテロになってもずっと着ている
ねぇ、このパンツもはや透明じゃん!!
すけ…
捨てるよ!?
ふる… ふる…
ううん…捨てない…
新品にはない、肌になじむ良さがあるんだ……
と言うけど
物を大事にするのはいいけど度をこえてるだろ…
さらにお腹が出てきたある日――
最近……
いつもの下着が苦しくなってきたな〜…

……
ただいま～
ぴーちゃん!!
バカにしてごめん
めっっっちゃいいわ
テロテロの下着
伸びきったボクサーパンツ、
しめつけなくて優しく
お腹にフィットする!!
ちょっと借りたわ!!
いいでしょ～
にこにこ

うるせ〜〜〜〜!!!
「赤ちゃんはママを選んで生まれてきます」?
バサ
んなわけねー
妊娠してから絵描いてる?最近描いてなくない?
ママの顔になってきたね〜
妊娠は病気じゃないからねぇ〜
妊娠ですか?となると今後お仕事セーブですか?
妊娠したからって私は私なんだよ!!!
ママの顔になるって何だよ!!自分の子に言われるんならわかるけど!!!

フキゲンになってると
夫が手を取って
踊らせてくる
……
またトイレちゃんと
流れてない!!送り
つけてやる!!
カシャー
マタニティ服…
ぜんぜん好きじゃ
ない。かわいくない!!
ガァァァ
夫のイビキ
うるさくて
眠れない
イライラ…
なんでこいつばっかり
スヤスヤ寝てんの!!!
なんかマッサージ
今日雑じゃない
!!?
ケンカしても
怒ることはないが
泣くことはたまにある夫
うちだって一生懸命
やってるよ…!!!
私が「ごめんね、頑張ってるの
知ってるよ」と謝ると
泣き止む
わかってくれてる
ならよかった…
ケロッ

以心伝心

もーすぐ会えるもね〜
ぴーちゃんさ、子ども産まれても変わらないで欲しいことある？
ん〜
ゆりりがうちを好きでいることかなぁ…
……ッ
私も同じこと考えてた…!!!

基本は、うちら２人だもんね。

仲直り④

またケンカして謝りに来た
ぴ〜…ごめんね
いつもこうやって私が勝手にハツ当たりして謝って…
ぴーが許してくれる事に甘えて…くり返しもね…
うちはゆりりがうちと仲良くしたいと思ってくれてたらそれでいいんだもね……
涙をふくも……
仲直りにお昼ご飯一緒に食べようもね！
ついさっき宅配でケ○タッキー頼んじゃった…ごめん
自分の分だけ!?
ご飯頼んでスッキリして謝りに来たんだな——

わかりやすい私。

子どもの将来

どんな子に育ってくんだろうねぇ
そうだな〜…
8歳でアプリを開発、天才エンジニアとして年収5千万円になって
中学の時点でアメリカの大学に飛び級
えっ…じゃあ15年も一緒に暮らせないってこと!?
そうなるね……
もっと一緒にいたいよ!!
どこまでもただの妄想

まだ産まれてもいない。

公園の人気者

天気いいし公園でパン食べよー!!!
わら
わら
なにしてんの〜
夫が子どもに囲まれてる様子にグッと来た。

子どもと動物にモテる。

子どもはとても楽しみで待ちどおしいけど
夫と2人で何も考えずに
ダラダラ過ごしたりする
毎日もすごく
好きだから
たまにふと切なくなる。
きっとまた新しい別の
楽しい出来事がある
んだろうな〜。人生が大きく
動く時は楽しさと切なさがあるね…

前のめりな夫

出産する病院で「マタニティクラス」に出席
出産の時に大切なことを説明します
助産師さん
まずは陣痛の進みを良くする運動
こ〜んな感じで大〜きくグルグル動かします!
「船こぎ運動」といいます!
ぐ〜る
ぐ〜る
ガタン
教室内でただ一人立ちあがって
実践する姿に胸を打たれた……

ぜんぶ自分ごと。

いい父親

あっという間に臨月だねぇ…
もうすぐ会えるもねェ…
どうしたの?
…うちは
いい父親になれるか不安もねェ…
← 涙もろくなってる
わたしは君ほどいい男に会ったことないから大丈夫!!!

こんな気持ちになるのは男女関係ない。

足りねぇよ!!!

ついに出産の時
せきやさん、まだいきまないよ!
息吐いて!!
フゥウヴヴ~
お尻の穴押さえて~~~
ぐっ
わかっだ!!
は!?ちゃんと押さえてる!?
グーでやってる!?
押さえてるよ!!
おめぇの思う10倍で押せぇぇぇ

この時ばかりは、ごめん。

とっさのアングル

旦那さん!! もう産まれるので撮影の用意を!!
わかりました!!
ガサガサ
出産のホームビデオは
大体こんなアングルだが…
オギャ~ オギャ~
バッ
産まれました!!
男の子です!
オギャアアア
誰にも見せられないが、宝物の動画である

ハートの強い夫。

感覚の麻痺

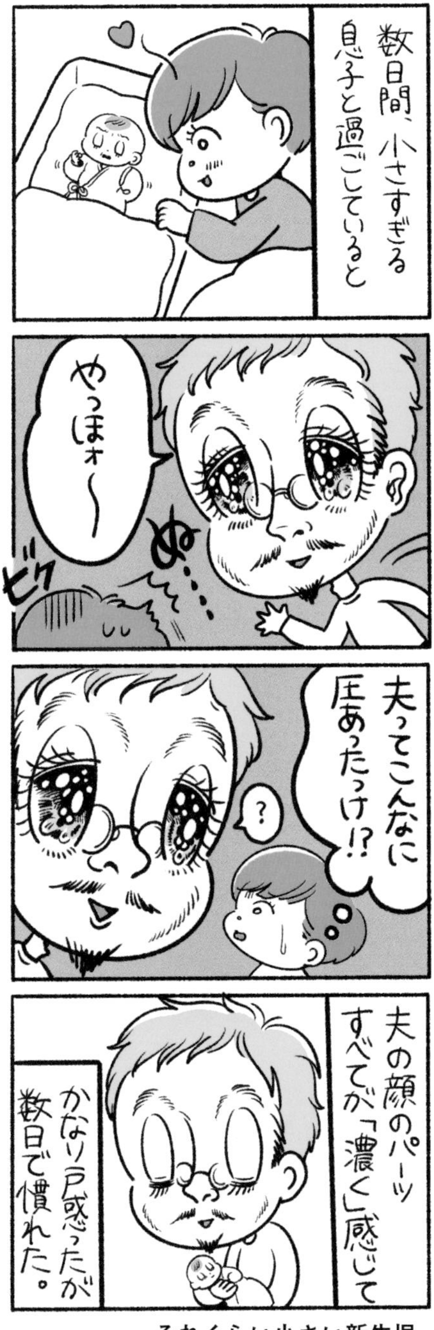
数日間、小さすぎる
息子と過ごしていると
やっほォ〜
ぬ……
ビク
夫ってこんなに
圧あったっけ!?
?
夫の顔のパーツ
すべてが「濃く」感じて
かなり戸惑ったが
数日で慣れた。

それくらい小さい新生児。

いいことあるよ

しんちゃんが産まれた
翌日の夫が……
こんにちは
おとうさんだよ
よしよし
いいことあるよ〜
産まれたばかりの息子に
「いいことあるよ」と声をかけてて
いいことあるからね〜
オムツ替え
フェ〜……
夫らしさのつまった
愛の伝え方だなと思った

夫がしんちゃんに伝えたいこと。

あふれる想い

退院前日ー
ベテラン助産師さん
お子さん、「黄疸」の数値が高いので退院日が延びます。
「黄疸」は、新生児によくある事で、あと2日程入院するだけで心配はいらない、と言われたが……
大丈夫大丈夫!!
産後直後の私にはとても心を乱される出来事で
お祝い膳を食べながら、息子への想いが爆発し、号泣ーー
夫は冷静に
カシャー
私の顔を撮っていた。

こういう顔ばっかり撮る。

ロミオ

息子に授乳するため私も一緒に退院を延期。
光線療法の姿が痛々しく見える
早く家に帰って皆で暮らしたい…
ピロン♪
あ、ぴーから連絡だ…
窓の外見てみて
え!?
バッ
ぴーちゃん

惚れ直した。

赤子と猫たち

そしてようやく退院
ミラン、ヤマト〜
会いたかったよ〜〜
ゴロゴロ…
ゴロゴロ…
今日から一緒に暮らす…
しんちゃんだよ〜
スンスン……
猫との初対面はサラリと終了
ス…

簡単に物語は生まれない。

彼の「当然」

出産直後の身体はとにかくズタボロであり
産後1・2ヶ月はなるべく身体を休めるべき
ゆりりが夜ゆっくり眠るために
夜間はミルクにしてうちが飲ませるもね
日中も、なるべくうちがしんちゃんの世話するもね
じ〜〜ん
ぴーちゃん……あんたいい父親だよ
?
出産と授乳以外、全部できるんだから当然もね

いつから考えてくれていたんだろう。

快便報告

夫不在時
はいオムツ替えよ〜
よいしょ
うわっ
すっっごい量のウンチ!!
スゲェ〜
あはは…
ぴーにも報告しよ
ピロンッ♪
しんちゃんすごい
いっぱいウンチ
出たよ
え〜
見たかった
もねぇ…
健康
うれしい
うんこの写真撮った!?
送って〜〜
ほんとこの人…

送るのアリなんだ。

味見

おいしいんだねぇ〜
んくんく
母乳ってどんな味なんだろう
飲んでみる?
手とかに出して…
直接飲んでみるもね
ちゅー
ふーむ…
薄めた牛乳に少し砂糖を入れたかんじ…か。
ほんとこの人物怖じしないな〜

シェフの顔つき、すな。

夫の好きなところ②

近所のバザーに来た
いらっしゃいませ〜
中にもいろんな手作りのカバンや
ポーチがあります!見ていってください!!
小学生くらいの子
ありがとうございます
ぺこり
見させていただきます
夫の好きなところ
大人でも子どもでも態度を変えないところ

なかなかできないよ。

産後イライラ

夫が育児・家事をほぼやってくれていても
周りが常に敵に見えてる
イライラ…
カリカリ…
新しい生活でだいぶイライラしていた私。
お風呂入ろうね〜
ちゃぷ
ねぇ
カリカリ
もっと泡つけて!!?
保湿しようね〜〜〜
乳液ももっとたっぷりつけて!!!
…別に大した事じゃないじゃんって思う自分もいるのに
なんかすっっっごく夫のやる事が目に付く!!

ガルガル期ってやつ……。

はじめての育児

号泣

ちょっと散歩行ってくるね〜
あっちょっと!!!
抱っこヒモの首ガードするところ外さないでよ!!
しんちゃん息苦しいかと思って・・・
まだ首が座ってないからダメだよ!
もう片方は付いてるから大丈夫もねぇ
ブチッ
説明書のとおりにやってよ!!!
そーやってアレンジされるとムカつく!!!

余裕ぶらないで！！

慣れるまでとにかく習ったとおりにやらないと不安で余裕のなかった私は
夫がのびのび自由に育児する姿にイライラしてしまった
うちももちろん真面目に考えてやってるつもりだったもね・・・
ごめんね・・・・・・
ううん
私が勝手に自分ルール決めてただけ。君は悪くない
はじめての育児だもんこれからもすり合わせて
2人で頑張っていこ・・・
コトン・・・
ん?
わーーっっ
?
私たちの親っぽい日々は、まだ始まったばかり!

俺たちの育児も始まったばかり！！

心が荒んだ時に思い出せ!コーナー
ゆりり体重10kg増えたようには全然見えないも。プリッとしてカワイイも〜
ほめてくれる夫
マッサージする夫
ごはんを作る夫
ねぐせ
食べすぎた?大丈夫も!今夜は野菜たっぷりのポトフもよ〜
赤ちゃん、お腹で育ててくれてありがとねぇ
ケンカのあとの夫

白髪でさえも

あ…
白髪。
いつの間にかこんなに増えて…
さびし〜〜〜〜
そう…？うちは
合わせ鏡
白髪は白髪でかっこいいと思うもね
まっしろになってみたいもね
似合うだろねぇ
違う価値観だから一緒にいて楽しい。

感じ方も受け止め方も、人それぞれ。

やめてほしい事

ねぇぴーちゃん
靴下脱ぎっぱなし!!
ごめん〜
何回も言ってるのに…
待って。
ズ…
うちもゆりえにやめてほしい事あるもね
使った後の包丁を置いたままにする事
すぐ洗ってほしい
ごめ〜ん
でも私はあとで片付けるもん
うちも同じもね
お互い許せないポイントは違うものだ。

違うけど、似ている気もする。

似ているところ

私たちは似てるところもある。
物事の「気にしなさ」である。
スーー
ゆりり
うんもすOK?※
いーーよ
お互い全裸でも全く気にしない。
せっせ
せっせ
こっちに置きたい
組み立てた棚がデカすぎて入らない
……
ま〜いっか!!
ウケるもね(笑)
この「気にしなさ」が一緒にいて心地いい。

※「うんもす」……うんこ。

静かなる主張

落ちついた
ぴーちゃんってさ
声を荒げて怒るとか一切しないよね
大きい声で怒る事がプラスになるならやるけど
マイナスにしかならないと思ってるから……
あとは…
自分がやられて嫌なことは
人にもしないようにしてるから…

言うことはハッキリ言う。

授乳中

また何かで怒った
……
…あのさ
まだムカついてるけど
仲良くしたいとは思ってるから。

いつでも伝えたい気持ち。

しあわせ

ぱちっ
そ、そうだ
わたし…
産んじゃったんだった!!!
あ〜〜ん
カワイイ〜〜ッ
ぴーちゃん!!
ねェこんなカワイくて大丈夫なんか〜〜!?
・・・・
しあわせもねぇ〜

授乳タイム

エエエン…
よしよしね〜
そろそろパイモスかな
しんちゃん〜〜
パイモス飲むか?
おいで〜〜
次はどっちパイ?
サパーイ?
ううん
ワーパイ!!
ぐんっぐんっ
おいしいも〜?
よかったねえ

気づき

しんちゃん寝たわ〜〜
ありがとねぇ そば茶飲むも？
飲む〜〜!!
ずずず
……
…お茶ってこんなうまかったっけ…？超…落ちつく…
時間がゆったり流れるのを感じる……これから毎日飲もう——

静かな理由

最近、左手を見つけたしんちゃん
じっ…
かなり真剣に見ている……
そんで夜はすごいしゃべる
あ〜〜ぅ
ぷわ〜
しん…
あれっ？しんちゃん静かだね
寝たかな？
よっこいしょ
左手見てた(笑)
わはは

イェス!
しんちゃんの世界♡
イェス!イェス!
ここはしんちゃんの国♫
しんキングダム♪
しんちゃんワールド
GO〜♫
ニューニュー!
乳幼児♫
新生児♫
……

《初めて一緒に暮らした部屋》

《毎日の買い物》

Part 3.

彼とだから やさしい子育て

スプーンで母乳

しんちゃん♥
カボチャだよ〜〜〜
甘いよ〜
あ〜ん
……
離乳食を全く食べないしんちゃん
ぱくっ
わアッッ!!
おいしい〜〜〜!!
しんちゃんも食べる!?
……
あせらずのんびりやればいいよ〜
そのうち食べるよ〜
まあそうだけど
でも色々試さずのんびりって言うのはさぁ〜
試しに母乳をスプーンであげてみたら…
うわっ
自分から口を開けて待ってる!!
カワイイ
泣ける!!!

ゆっくりやっていこうね〜♡

チラ見

ヴァアアアア
よしよし〜
チラッ
チラッ
すっごいチラチラとゆりえの方見てる(笑)
うれしい
え〜〜(笑)
ほんとぉ?
ヴァアア
ピタ…

んも〜〜〜（笑）

ぢになった

…
「ぢ」について調べている
しんちゃんゴローン!!
あ!!
しんちゃんがっ寝返り成功したよ～～!!
?
?
……ッツ
しんちゃんおめでとお～!!
カシャ
カシャ
カシャ…
…
急に成功したからうちもびっくり……
ゆりり?
自分が情けねェ……
「ぢ」になって、しんちゃんの成長の瞬間も見逃してバッカみたい!!
最悪だよちくしょお～～
ゆりり…
おもしろいな～と思っている
わ～～ん

なにもかも嫌だ～！！

タイミング

夜のおしゃべり
ねぇ ぴーちゃん
なあに〜？
今日のお風呂で しんちゃんがめっちゃ ウケたんだけど さぁ〜
うんうん(笑)
ゆりえがバスの 歌うたったら さぁ…
ペラペラ
ゆりりー
ちょっと寒いから お風呂行ってきていい？
ブル……
裸だったのかよ！
言ってくれよ

立て込み中に、ごめんな……。

ぶーぶーばーばー

先日、お迎えの帰りに 突然の強烈な便意
間に合え
ぶっぶー〜
ばーばー〜
スタスタ
競歩で帰る。
終始しゃべる息子に かまう余裕はゼロ
ぶーぶー!!
ばーばー!!
…って事があってさ
大変だったよ
間に合って よかったもねぇ
ゆりりがぶーぶーばーばー になるとこだったもね…

そうだね。

スイカの形

しんちぇ〜 スイカだよ！ 切ったよ〜
ギャ〜
ばしっ
えっ なんで〜？
しんちゃんは、スイカ 三角で食べたいんだよね
ムシャ… ムシャ…
そうかぁ〜 三角おいしいもんね…

何歳？

しんちゃんは
なんさいですか？
1
すごい!!
ギュ〜
「1」ってできるの すごいネェ〜
40

ゆりえ、見て〜
ゆりえの好きな男タワー

慣らし保育

慣らし保育の2時間、心を落ちつかせるためにカフェへ
しんちゃんにとって新たな世界ができていくんだなぁ…
AM 9:30
ズ…
そうもよ。しんちゃん今頃何してるかねぇ…
こういう時は
なるべく楽しいしんちゃんを想像するも
想像してツボってる
クスクス
フフ…

慣らし保育2日目……
ドキドキ…
何もわかってない顔
おはようしんちゃん!!
あずかっちゃいますね～
すっ
え？
しんちゃん!!あとでむかえに来るからねっ!!!
めちゃめちゃ明るく言う
ギャ
これでいいんだ これでいいんだ
グスッ… グスッ…

慣らし保育②

ガラ
しんちゃ〜ん
ぎゅ〜っ
しんちゃ〜ん 帰ろうね〜
ぱっ
お母さん〜
しんちゃん今日うどん食べたんですよ〜

下で園長先生に聞きました!!
食べて他の先生とみんなで拍手して大盛り上がりでしたよ!
他のクラスの先生
しんちゃんさよなら〜
さようなら!
しんちゃんまた明日ね〜
副園長
さようなら〜
いい保育園だなア〜!!!

保護者会

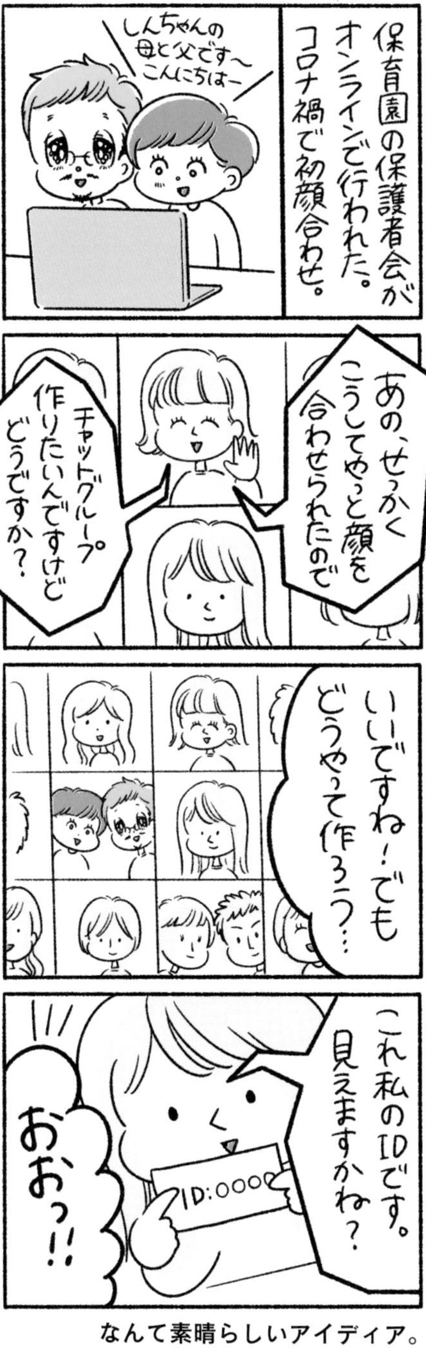
保育園の保護者会がオンラインで行われた。コロナ禍で初顔合わせ。
しんちゃんの母と父です〜こんにちはー
あの、せっかくこうしてやっと顔を合わせられたので
チャットグループ作りたいんですけどどうですか？
いいですね！でもどうやって作ろう…
これ私のIDです。見えますかね？
ID:○○○○
おおっ!!

なんて素晴らしいアイディア。

保育園の運動会で
ダンスするしんちゃん

次の保護者会

数ヶ月後ー
おっ
今回の保護者会は対面でやるって〜!!
あ〜でも保護者一人しか参加できない…
じゃあ私が行くかぁ…
…
あっ…ごめん、ぴーが行きたい？
いいも
うちも育児の相談とか、保護者のみんなにしたかったな〜……

哀愁。

率先する夫

あっじゃあ、うちがみなさんのアカウントを追加してグループ作ります！
今グループ作りました！みなさん、承認お願いします!!
く みかん組(10)
を招待しました
あとで誰が誰の親かわかるようにノート機能に書き込めるようにしておきます
女性の多い場でも気にせず入っていく夫……いい。

しみじみ。

採血をするしんちゃんを
待ち合い室で待つ
気が気じゃない父
ギャー
……
抱っこヒモ

初「かっかー」

ガチャ
ただいま〜 もねェ〜〜
帰りましたー
アテレコ
しんちゃ〜ん おかえり〜〜
かっかー!!
えっ……
今「かっかー」って…
ばしばし
おっぱいくれ

この感動、忘れない。

「とーと」は?

すっかり「かっかー」が定着してきたしんちゃん
かっかー!
そ〜だよ〜 かっかーだよ〜
……
やべ、ぴーがさびしそう?
しんちゃん、おとうさんは「とーと」だよ
こっこォ〜
こっこーじゃなくて「とーと」だよ!
こっこーでいいもね
こっこォ〜
こっこーでいいもね

うれしいんだね。

サイフ事件簿

しんちゃんは「母が目の前からいなくなる」のがNG
みんなで
おでかけ
「気付かないうちにいなくなる」のはOK
私ちょっと化粧品見てきてもいい?
電車見るのに集中してるし…
いいよ、今のうちにそ〜っと行くもね。
そ〜
あっ サイフ
ぴーのカバンだ!!
サイフ忘れた。取りに戻っても大丈夫?
わかった! 後ろから来て。そーっと渡すも。
そ〜
GET!
夫はこの直後、「スリにあいましたよ!」と声をかけられたらしい。

確かにスリレベルで静かに取った。

ぷわーぷわー
ぶわぶわっぷ
ばーば
おしゃべり
キラキラ〜の手
おっぱいのみたい
あ
あ
ばし
ばし
母によるヘアカット
大切なバーバー
生活の中に「星」を見つけまくる
あ！
大人の靴をはくのがブーム
絵本めくりの達人
サッ
サッ
うれしいとしゃくれてしまう
ずーっとやってた
……
この布でだけやる
ばっ
すんごい楽しそう

ギャ〜〜〜ッ
寝返りで腕が抜けない
バウンサーに乗せられてるのかわいい…
んねえ〜〜
おっぱい後のこの顔
物をうれしそうに落とす
ニャニャ…
前に向かって生えるモ
…………
真剣にオムツ袋を蹴る
忘れられないスタジオ〇リスのプードルコス
ウエ〜
妖精さんの帽子
なぜか夜中、喉に乗ってくる

こだわり

しんちゃんは「再現度」にこだわる
踏切のYouTube
カーンカーン
スゥ……
次の動きを待ってる
カンカン…
すんごい真剣な顔

踏切オタク。

かんかんちゅ

かんかんちゅ～かんかんちゅ～
※踏切動画を見せて
え～しんちゃんもうねんねだから動画は見ないよ～
5分後ー
チッ
チッ
チッ
チッ
がんがんぢゅあああああ
さらに5分後
か～かちゅ……かんかちゅ…か～から
散々抱っこして今は見守るターン
ヒック…ヒック…
そして……
「かんかんちゅ」言いながら寝たよ……!!!
小声
か…かわいい～!!!
か…かちゅ…ちゅ…
すや…

ひたすら受け入れ、泣き止むのを待つ。

脱がしテクニック

とにかくお風呂に入れるのが大変です
木の板でカンタンすべり台
キャー
しーんちぇ
お風呂に入ろうも〜
だっ!!
ポイヤ
カリッ
服ぬぐよ〜
だーっ!!!
バッ
スウー

臨機応変に。

暗号

しんちゃんの大好物…
ちちご
むしゃ むしゃ
いちご!!
ちちご!!
おーちぃ
ゆりり…
今日…ある?「ストロベ…」
ヒソ…
あるよ…
コクリ…
しんちゃん ごはん食べたら「スト…」出す?
コクン!
ご飯を食べ終わるまでいちごはヒミツ
は〜い いちごだよ〜〜〜
ちちご!!?

ワードだけで暴走する。

巡るもの①

臨月の時に
私の祖母が亡くなった。
花に囲まれて眠る姿は
産まれたての赤ちゃんに
少し似ていると思った
赤ちゃんとして生まれて
大人から老人になって
おばあちゃん おつかれさま…
また人は赤ちゃんに
戻っていくのかもな…
おばあちゃんにも
会わせたかったな……

人は死んで、生まれる。

巡るもの②

しんちゃんが2歳の夏、
夫の祖母が亡くなった。
なーな、ねんね！
最期まで自宅で
過ごし、家族に見守られ
ながら亡くなった。
それでも悲しいものは
悲しい。
お葬式
キャ〜〜
ドタドタ…
生命力にあふれた
しんちゃんが元気に走り
回っている様子は、皆の
悲しみを和らげてくれた。
命は続くんだな…。

無邪気さに救われる大人たち。

しんちゃんは産まれる前どこにいたの？
しんちゃんはいつからしんちゃんなの？

好かれる理由

夫は子どもに好かれやすい
公園で囲まれたり…
ポイントは
自分から近寄らず見守って、困ってそうな時助ける。
とくに好かれようとしてるわけではない。
とのこと
同じ理由で
ピョーン
わぁ~
猫にも好かれている
夫にだけ乗る
ニュートスキャマンダーみたい……

肩に乗るなんて、あんまないよ。

優先順位

ゆりえ…
もしうちとしんちゃんの命、どちらかしか選べない時があったらさ…
しんちゃんを優先してあげてね。
は!!?
どっちも大事だよ選べないよ!!
…じゃあもしゆりえだったらどうしてほしい?
そんなの……
しんちゃんを優先してほしいに決まってんじゃん!!!

いつの間にか、親っぽさ爆発。

何のゲーム？

公園
あ、見て
うーん…一歳3ヶ月
いや 一歳半…かな
じゃーあの子は？
う〜ん 8…9ヶ月！
いや…あれは7ヶ月だね
「月齢当てゲーム」

以前は、赤ちゃんは「赤ちゃん」だった。

猫としんちゃん

猫と子ども、てっきり仲良くなるものだと思っていたが
イメージ
実際ーー
しーーん…
それぞれ単独行動
でも、たま〜に…
あっ
ぴっとり…
カシャー
カシャー
カシャー
こういう時はすかさず連写する

かわいい自覚なき者たちの最強のかわいさ。

買ったのは何？

おもちゃ屋
これほしーの…!
じゃあうちのポイントで買ってあげるもねぇ
わぁ〜〜きしゃぽっぽ!!
よかったね〜
ん!?
ねぇ!!うちに同じ汽車すでにあったんだけど!!!
せっかく買ってあげたのに…!!!
いいんだよ〜
「経験」を買ったんだから

深い買い物。

これが親バカ？

しんちゃんが愛してやまないもの。それは…
BARBER
えっこれ描いたの!?
真剣な表情→
息子が天才だと確信

美大志望になったらどうしよう♪

桃キュン

桃ひとつちょーだい!
おいしそ～
だめっ
ひとつだけ…
だぁめ!
バッ
スッ…
ガー
ポイ…
キュン…
ガー

日常のキュン、大事。

全力投球

おままごと中
おなかペコペコだなぁ～ ごはんひとつください
わぁ～～ッ ありがとう モグモグ♥♥
※裏声
サッ
おいし～～ ここのレストラン!!!
うれしそう
むしゃむしゃ
ジジジッ…… 喉がやられるな この発声は…
ゆりえ、ふつうの声でもいいんだよ～
ポム
あのねえ…
本気でやらなきゃつまんないじゃん!!

おままごとに真剣。

しょっぱい中の甘さ

電車にてーー
しんちゃん座るの!?待って!!!
ガタンゴトン
あっ
靴が!!
すみません!!
ほら靴脱いで座って……!!!
…
座る前に靴は脱ごうね
靴にどれだけの菌が付いてると思ってんだよ…
てめぇ、悪いと思ってねぇだろ…
なんで後から靴脱がせてんだよ!
おい!!

…て
事があってさ
それは大変だったね…
もちろんこちらが悪いけどさ…
なんかさ……
あらためて私たちの周りの人って優しいなって。
いつもうちらやしんちゃんに優しくしてくれる人たちが当たり前になりすぎてて
「少しの事くらい大目に見てくれるだろう」って甘えが相手にも伝わってたのかもなー、とか。
ぴーのような優しい人といるのに慣れてたわ。
いつもありがとね…
…塩でスイカの甘さが際立った？
そ、そうだね。
……??
おしまい

中華料理屋さんで
真剣に何を頼むか
悩みすぎな夫がカワイイ
ベルトをイスに付けて
座ってるしんちゃんが
カワイイ
MENU

たのしいね

日々おしゃべりがうまくなるしんちゃん
(こんにちは)
こにちゃ〜
ぼくわ〜トーマス!
(君は)
ぼくわなーに??
ぼくわ〜トビー!!
またね〜
言い回しが大人びてきておもしろくなってきた。
ちょっとむりかあ〜
ちょっとこわいかァ
最近のログセ
ある日の夜中、ふと目が合って、ねぼけながら…
ぱち
たのしいね。
と言っていた。そうだね!!

気持ちを言葉で伝えてくれる喜び。

あかちゃん

かーか♥
ねこあかちゃんにゅ〜お♥
ねこあかちゃんよしよし〜
え〜ん…
とりあかちゃん…
キズついた小鳥のイメージ
とりあかちゃんどしたの〜
本人のまだ少ない語彙の中で、一番「かわいい」ものを組み合わせて甘えてくるのが愛おしい…
赤ちゃん
ねこ
+
とり
そして自分を「あかちゃん」と言ってる時点で
もう「あかちゃん」じゃないことを改めて実感して切ない…
にゃ〜お

今のうちに、好きなだけ甘えてくれ。

わかる

もーすぐ寝そうだな…
……
今日もめちゃくちゃ疲れたけど わたし今の人生サイコーにしあわせだわ…
わかるもね
わかる
しんちゃんもわかる〜〜
わかるの!!? えぇ〜〜 うううう
うぅうっ……
あ… 寝たわ…
どっちも
すやぁ…

寝るのが秒な親子。

しんちゃんと夫に
はさまれて寝ていると
ふと目が覚めて
右を見ると好きな人、
左を見るとめっちゃかわ
いい子ども（しかも自分と
好きな人との子）がいて
「こんな幸せあるか？」
と高まる。いつまで
3人並んで眠れるだ
ろうなぁ〜

夫の撮る写真

あはは…
あはは…
今!!!
今だよぴーちゃん
ぼー
今めっっっちゃ撮影チャンスだよ!!!
こーゆー写真を撮ってくれ!!!
自発的に!!!!
カシャ
夫の撮る写真は
パンツ
強風にさらされる私たち
こんなのばかり。
カシャ
寝起きでリングフィットやる私
でも後から写真を見返した時に……
あの頃の空気とかがすぐ思い出せる…
ぴーが私たちを愛おしいと思ってるのが伝わる…

どんなキメた写真よりも。

夫がずっと「ありがとね」と言っていたのがよかった。

《母と息子》

《父と息子》

夫婦対談

親という役割が増えただけで自分自身は変わらない

著者のせきやゆりえさんと夫のぴーさん。2人の出会いから、他者と暮らす上で大切にしたいこと、夫婦や家族の形、親という新しい役割、そして『おさるのままごと』誕生秘話まで、オープンに語っていただきました。

自分以外の誰かといること

ゆりえ 私たちの出会いは、とあるイベントで私が逆ナンパしたんだよね。

ぴー そうそう。確かうちが35歳くらいで、ゆりえは28歳とかだったよね。

ゆりえ 会ってすぐさ、結婚願望があるかとか子どもが欲しいかどうかと聞いたよね。実際のところ、結婚について考えたことってあった?

ぴー 漠然とだけど、子どもが欲しいという気持ちはあったんだよね。高校生ぐらいのときから思っていた。

ゆりえ 早くない?

ぴー 若いうちに子どもがいたら、子どもとの年齢が近いし、子育てが終わった後も楽しめるんじゃないかなって。結局、子ど

ぴー そうそう。うちの実家は3人兄弟で祖父母も同居して賑やかだったから、明るい方がいいと感じるのかもしれないな。

「おさるのままごと」誕生秘話

ゆりえ 出会ったとき、ありきたりだけどピンときた感じがあったんだよね。

ぴー そうなんだ。

ゆりえ たたずまいが好きだった。しかも出会い頭にナンパしたけど、引く感じもなかったじゃん?

ぴー それはなかったね。逆に面白いと思った。

ゆりえ 私は私の面白さを理解してくれる人を探していたんだろうな。それにばっちりハマったのが、ぴーだった。顔がタイプだったっていうのも大きいけど。

もができたのは40歳になってからだったけど。

ゆりえ　私もいつか、子どもを産んでみたいというのはあったな。でも、この人の子どもが欲しいという感覚はなかった。それまでの恋愛では、ずっと一緒にいたいと思う人に出会ってなかったから。でも、こんな人とは合わないなとか、こういう人は嫌だなっていうのはあったかな。

ぴー　どんな人が嫌だと思っていたの？

ゆりえ　たとえば、私の父は気性が荒いタイプでそれが嫌だったから、穏やかな人がいいな〜とか。私自身も父親に似て激しいタイプだし。ぴーは？

ぴー　（嫌いなタイプは）あんまり考えたことはないけど、明るくて裏表のない感じが好きかなぁ。

ゆりえ　でもみんな明るい感じがいいんじゃない？

ぴー　静かで落ち着いた人を求める場合もあるんじゃないかな。

ゆりえ　でもさ、人といるってことは人の気配を感じたいってことじゃない。だからいてもいなくてもわからない人だったら、一緒に居る意味あるのかなと思っちゃう。影響を多少及ぼされたいというか……。なんか、その人がいる気配に安心するじゃん。

ぴー　それは静かであっても同じなんじゃない？

ゆりえ　そうか、それは気配の感じ方の違いか。

ぴー　ははは。

ゆりえ　付き合って、結婚して……2人での暮らしとか、ぴー自身の面白さがどんどん増えて、それを描き始めたのが『おさるのままごと』。タイトルを考えてくれたときのこと、覚えている？

ぴー　覚えているよ。楽しそうに一生懸命生きている姿がおさるさんのようで、拙《つたな》いながらも形になっていく姿が「ままごと」っぽいなってひらめいた。

ゆりえ　夫婦2人から、しんちゃんが生まれて……、私が私であることに変化は感じないけれど、物理的にはやっぱり変わったよね。ぴーに妙にイライラすることもあるし。

ぴー　たとえば、どんなことで？

ゆりえ　ぴーのおっとりさとか？　2人のときには感じなかったけど、しんちゃんがいる環境だと気になるっていうか。カーッとなるけど、そのたびに一旦冷静になって分析して、何にイライラしているのかひとつひとつ紐解いて、話し合うことが大事だなって思う。

ぴー　うちはイライラとか、なんか嫌だなと思ったとき、1回目はまず飲み込む。そして考える。できていないときもあると思うけど、そのまま返すんじゃなくて一旦消化して、同じことが2回、3回続いてはじめて、伝えるようにしている。

ゆりえ そうだったんだ。確かに私みたいに感情的になることはないけど、泣くことはあるよね。

ぴー あるね。やってきたことがまるでなかったことにされたり、それが伝わらなかったり……その上で感情的にいろんなことを言われると泣いてしまう。

ゆりえ 「そうじゃないよ、ちゃんとわかっているよ」と、ひとこと言うとスッと泣き止むよね。その切り替えの早さ、いつもすごいよ。

親という新しい役割で拡張する世界

ぴー でも、実際は結婚しても、しんちゃんが生まれてもお互い変わらない部分がほとんどだよね。

ゆりえ うん。それはそう思う。人として尊敬している部分は、ぴーという側面から見ても、夫や親という側面から見ても変わらない。育児をしている姿を見ていいなと思う部分は結局、人として好きな部分。

ぴー その感覚はすごくわかる。

ゆりえ 例えば、しんちゃんが駄々をこねて行きたくない！　となっているときも無理矢理は連れていくことはしないよね。しんちゃんの嫌だという気持ちを蔑《ないがし》ろにせず、しっかり受け止めて、ていねいに扱っているところが大好き。私だったら、時な時期があって、優先順位が変わることもある。でもそれは、悲しいことじゃないんだって思う。人であれ、状況であれ、何かが続くことが当たり前とは限らないよね。

生まれて死んでいくその間で大事にしたいこと

ぴー うちのアメリカの親戚にメアリーさんという人がいて、彼女を見ていると、心が豊かであることって素敵だなぁと。例えば、「sit」を「sugar」と言い換える、洗濯物をきれいに小さくたたむ、いつも明るく話しかけてくれるとか。そういう断片の積み重ねが、チャーミングな人柄を作り出していて、メアリーさんの家族たちもそれを受け継いでいる。それって、もちろん血のつながりもあるだろうけど、一緒に過ごした時間による部分も大きいんじゃないのかなって。

ゆりえ ほんと素敵だよね、メアリーもその子どもたちも。

ぴー うちはそういう小さいエピソードや過ごした時間のつながりが大事だと思っていて、家族もだけど、それは血のつながりに限らないし、しんちゃんにも何か伝わってくれたら良いなって思う。

ゆりえ すごくわかる。血のつながりとか、家族って言葉に縛られちゃうのがいやだなって思うことがあるもん。しんちゃんのこと、お腹を痛めて産んだからかわいいわけじゃないし、産間がない！　って、なんとかしようとしてしまうから。こんなお父さんに育てられたら、どんな子になるんだろう？　って興味深いよ。

ぴー うちは、ゆりえが母親だからと気負わないで自分のペースでやっているところ、すごく好きだなと思うよ。

ゆりえ なんかいいね、こういう話ができるの。

ぴー 結局のところ、親という役割が増えただけで自分自身は変わらないよね。でもしんちゃんがいてくれて、親になることができて、今まで見えていなかった視点や気づき、やれることが増えたとはすごく感じる。視野が広がったというか。

ゆりえ 子どもを産んだら世界が180度変わると思っていたけど、自分自身は全然、変わらなかった。でも役割が増えたことで、世界が拡張した感覚はあるね。それから、想像力も豊かになった気がする。

ぴー 身近な例でいうとさ、うちのミランとヤマトの見分けがつかない友人がいてさ。うちらからするとえっ！　となるけど、猫に興味がない人にとってはそんなもんだよね。そういうのと同じで、うちらはしんちゃんが生まれたことで子どもに対する解像度が上がっただけなんだよね。世界が拡張したこと、それから解像度が上がった対象物があること、そういうことを周りは変わったと捉えるのかもしれない。人生にはいろんなんだから母になったわけでもない。ただもっと素直に、目の前にいる彼、そしてぴーが愛おしいというだけ。

ぴー 十数年後、どんな夫婦になっていたい？

ゆりえ 今の感じでいいんじゃない？

ぴー うん。今まで通りお互いコミュニケーションを取っていきたいよね。

ゆりえ なんか大雑把だな。

ぴー でも、コミュニケーションを取らないってことは諦めているってことだから。小さなもういいやが重なると、うまくいかなくなるよ。

ゆりえ そうだね。おじいちゃん、おばあちゃんになってもさ、仲良くしていたいよね。子育てがひと段落したら、2人で散歩とか旅行もしたいし。

ぴー ある程度、健康だったらいいよね。

ゆりえ 何かの歌詞みたいだけど、今日というなんてことない日がこれからも続きますように！

おさるのままごと 一問一答！

夫婦円満の秘訣、子育てで大切にしていること、素朴な疑問やお悩みなど、ゆりえさんとぴーさんの「おさるのままごと」生活をもっと知ることができるQ&A！

Q1.
家族のルールはある？
遅れるなら連絡して。（ゆ）

うんもすOK？[P95参照]（トイレが長いので、事前確認）。（ぴ）

Q2.
子育てで大切にしていることは？
どんなしんちゃんでも大好きだよと毎晩伝えている。あと、親の心が安定していること。（ゆ）

小学校低学年までは自然に笑顔が出る人になれるように接している。（ぴ）

Q3.
家族へのリクエストは？
ニコニコして！（しん）

時間に遅れないでほしい。あと体調管理。（ゆ）

しんちゃんと一緒かな笑（ぴ）

Q4.
夫婦円満の秘訣は？
ケンカを引きずらないこと。話し合って解決。（ゆ）

コミュニケーションをとる。相手を尊重する。（ぴ）

Q5.
だんなさんに接する際、大切にしていることは？
尊厳を踏みにじらないように気をつける笑
夫の大切なことや好きなことを否定しない。（ゆ）

Q6.
夫婦で子育て方針がちがうとき、どうする？
どっちかに合わせる。（ゆ）

こだわりがある方に合わせる。（ぴ）

Q7.
しんちゃんに一番伝えたいことは？
自分の好きなこと、嫌いなことに対して素直に理解してほしい。（ゆ）

いいことあるよ。[P87参照]（ぴ）

Q8.
子育てで、絶対にしないと決めていることは？
人前で子どもをけなさない！ 謙遜もしない！（ゆ）

暴力。当然だけど。あと、人前で子どもをけなさない。それで笑。（ぴ）

Q9.
夫婦ともに在宅ワークですが、新生児がいて大変。お二人は、どうでしたか？
最初の1ヶ月は時間で担当を分けていた。夜の22時から朝の10時までは（ぴ）、日中は（ゆ）担当。

Q10.
もともと子どもは好きでしたか？
子どもの大変さや可愛さを我が子で知って好きになった。が、子による笑。（ゆ）

Q11.
産後、だんなさんに対して感情の変化はあった？
人としての魅力と深みが増している。ある日突然、離婚しようと言われないか心配。こんな私といてくれてありがとう笑。（ゆ）

Q12.
子の癇癪に自分もキレて返しがち……何かいい方法ない？
キレてもいいけど必ずフォローはする。イライラは相手にも伝染するよということを伝えたい。（ゆ）

Q13.
妊娠前にやり残したことはありますか？
ない笑。（ゆ）

Q14.
父親になる実感は、いつわきましたか？
心音を聞いたとき。（ぴ）

Q15.
ストレス発散法は？
他のことをやったり、寝る！ 自分のTwitterのいいね欄とか見て思い出し笑い。（ゆ）

Q16. 育児を楽しむコツはありますか？

私はおままごととかごっこあそびならかなり楽しめるのですが、体を使うあそびは基本的に見守る感じにして、無理して付き合わない笑。（ゆ）

Q17. 「この経験させて良かった！」と思ったことは？

壁に模造紙を貼って、好きなだけ描いていいよー！ってやつ。（ゆ）

Q18. しんちゃんの話す言葉で、お気に入りは？

じーじょーぶ（大丈夫）！（ゆ）

Q19. しんちゃんの学費について、積み立てか何かしていますか？

今のところ、お祝いでもらったお金は全て貯金してる！（ゆ）

Q20. いつでもハッピーでいる秘訣は？

自分の心に素直でいること！嫌なものは周りがどれだけ好きだろうが嫌、とか。（ゆ）

Q21. 子育ての悩み、誰に相談してる？

基本的に夫と話す！
たまーに自分の母にも連絡するが、「あんたも子どものとき全く同じだったよ」と返される。（ゆ）

Q22. せきやさんが描くお顔の表情が豊かで大好き。描くときに自撮りしてますか？

洗い物してるときに「ごめんね！」って険しい顔で言うシーンの顔（P62）や、産後のお祝い膳食べながら泣いてる顔（P88）は写真を見て描きました笑（ゆ）

Q23. ミランちゃんとヤマトくん、どんな匂い？

ミランはメープルシロップ。ヤマトは最近クサくて、それがかわいい。（ゆ）

Q24. 夫さんのエピソードでお気に入りのものは？

高校生のときに不良に囲まれカツアゲされそうになり、「はっ!!」とデカい声を出して相手が一瞬怯んだ隙にスタスタ逃げた。（ゆ）

Q25. しんちゃんの体で一番好きなパーツは？

全部だけど、ちゅるんちゅるんの鼻の頭をいつも触ってしまう。（ゆ）

Q26. 朝ドタバタで、子どもに何を食べさせたらいいかわかりません。

いつもパンとバナナとチーズ固定。（ゆ）

Q27. しんちゃんと自分が似ていると思う部分は？

喜怒哀楽、感情の起伏が激しい。（ゆ）

眉毛。（ぴ）

Q28. 家事と育児で何もかもが嫌だ！ってなったときの対処法は？

やだっ！って言って、レトルトを活用したり極力ラクする！（ゆ）

Q29. しんちゃんを初めて見たとき、どう思った？

だれ？　見たことない顔……へー、本当に入ってたんだ……。（ゆ）

いろんな感情。すごいな、命。頭が長いな。（ぴ）

Q30. マンガにするほどでもない、だんなさんのネタを教えて！

「おならしたの？」と聞くと「サービス」といつも答える。（ゆ）

『おさるのままごと』を最後まで読んでくださりありがとうございました!
ペこり
まて～
ドタドタ
ゲラゲラ
そもそも、このマンガを描いたきっかけは…
「自分のため」です。
夫やしんちゃんと出会えたことで感じた
気持ちや役割の変化や新たな発見たちを
全部は無理でも、できるだけ忘れたくない!!!
そんな想いで描きました。
全てipadで。
夫と私は、価値観や考え方が違うし
そこにお互い惹かれて一緒になったけど…

そこに「しんちゃん」という
未知な存在が
増えたことで

2人の時はかみ合っていた
「形」が、うまく機能
しなくなったりもした。

その度に本気で
ぶつかり、話し合い、
ゆずり合ったり
していく中で

また新しい別の「形」、
そして「役割」が増えて
いくんだと思う。

ふと、過去の「形」には
もう戻れないんだと
切なくなったりもする。

でも、そのすべてが
「今だけ」なんだ。

これからもそうやって
私たちのままで、楽しく
生きていこうと思う。

せきやゆりえ
キラキラした大きな瞳の動物や人物などをアナログ、デジタルで描くイラストレーター。1987年生まれ。東京都在住。2010年多摩美術大学グラフィックデザイン学科卒業。アパレルやキャラクターデザイン、グッズデザインなど幅広く活動し、オリジナルキャラクター「ペロペロ★スパ～クルズ」を展開中。COPIC AWARD 2020 審査員（2020年）、全国の専門学校などで特別講師を多数務める（2015～2021年）。2020年1月に第一子を出産。Instagramの@sekiyayurie_babyで夫や子どもの絵日記『おさるのままごと』を連載中。作品アカウントは@yuriesekiya、日常アカウントは@gonhanamizz。著書に『ペロペロ★スパ～クルズ』KADOKAWA（2014年）。

ブックデザイン：佐々木 俊（AYOND）
協力：滝沢 悠、伊藤有子
編集：金井亜由美

おさるのままごと
2023年3月13日　第１刷発行

著　者：せきやゆりえ
発行者：渡辺能理夫
発行所：東京書籍株式会社
東京都北区堀船2-17-1　〒114-8524
電話 03-5390-7531（営業）
03-5390-7512（編集）
https://www.tokyo-shoseki.co.jp
印刷・製本：図書印刷株式会社
ISBN978-4-487-81665-1 C0095　NDC726

日本音楽著作権協会（出）許諾第 2300452-301 号